春蕾计划·护蕾行动

家长手册

中国儿童少年基金会 编

中国妇女出版社

编者的话

亲爱的家长朋友：

相信您在陪伴孩子成长的过程中，一定非常关心如何才能最大限度地保护您的孩子免受各种伤害，包括性侵害。

其实，为避免这样的事情发生在自己孩子身上，您可以先跟孩子聊聊有关性的话题。孩子一天天在成长，会对身体产生各种好奇，这是孩子的天性，也是非常自然和正常的。您不能等到孩子从同龄人那里得到并不准确的性信息，或靠他/她自己一点点去摸索，而一直不开口跟孩子谈性。孩子的启蒙教育和人生观、价值观的形成主要来源于父母和家庭。作为家长，您应当了解孩子的性发展规律，并学习如何直面孩子的性问题，以正确引导孩子，让孩子科学地认识自己的身体，对性持有积极美好的态度，在性方面保护好自己。

您可以从本手册中了解到孩子需要掌握哪些基本的性知识，什么是儿童性侵害以及如何防范性侵害，性侵害发生后儿童和家长该怎么办以及享有哪些权利等。手册里的知识都是多年研究相关领域的专家亲自撰写的，她们是：北京师范大学脑与认知科学研究院副研究员刘文利、中国科学院心理研究所教授龙迪、北京青少年法律援助与研究中心执行主任张雪梅。老师们也希望了解您的需求，并从专业角度给您提供指导和建议。

让孩子健康成长是您的最大心愿，也是我们的最大期盼。让我们和您一起努力，为孩子撑起一片蓝天！

目录

孩子从很小的时候就开始有探索身体的欲望和行为，如他们可能会触摸自己的外生殖器，并表现得很开心。幼儿园的小男孩和小女孩也可能通过各种游戏，互相探索身体的不同。他们只会觉得这些游戏“很好玩”，但不会像成人那样认为这是跟“性”有关的行为。如果家长能了解，在特定的年龄段，儿童表现出来的哪些行为是合适的，哪些是不合适的，就能更有效地指导孩子的行为。

不同年龄段的儿童，对待“性”的看法和表现不同。

第一部分
应该让孩子知道的性知识

一 7～12岁儿童

1 7～12岁儿童可能会有的行为

- 触摸自己或他人的隐私部位，但是随着孩子年龄增长，他们会更多地注重隐私，只在私密的空间中表现出这些行为。
- 低龄的孩子仍可能会玩弄外生殖器。
- 较大的孩子可能会开始约会并互相亲吻。
- 喜欢跟同伴讨论跟性有关的话题。
- 对生殖器官及其功能感兴趣。
- 喜欢看有裸体或部分裸体的人的照片。
- 喜欢看或听带有性的画面或内容的电视、电影、游戏、网页或音乐等。
- 喜欢看跟爱情有关的书籍，写情书或情诗。
- 对同伴产生性吸引，有暗恋或喜欢的同伴。
- 有的孩子有自慰行为。

突然发现我……
不太一样了！
啊，这，
这是什么？！

2 父母要让这一年龄段的孩子知道

① 进入青春发育期时，身体将要发生的变化

- 青春期年龄范围是10～20岁，男孩比女孩晚大约2年。
- 女孩进入青春期时，除了个子迅猛增高之外，身体还会发生一些奇妙的变化：乳房开始发育，腋毛、阴毛开始生长，来月经，有些人还可能会长“青春痘”。
- 男孩进入青春期时，生殖器官开始发育，喉头逐渐增大，声带发育，进入变声期，面部汗毛、胸毛、腋毛、四肢汗毛和阴毛开始生长，部分孩子发生遗精，有些人还可能会长“青春痘”。

② 男孩女孩在进入青春发育期时，需要对自己身体的生殖器官有更多的了解

- 女孩的外生殖器官所在的部位统称为阴户，器官包括阴阜、阴蒂、大阴唇、小阴唇、处女膜、阴道口。女孩的内生殖器官包括卵巢、输卵管、子宫和阴道。卵巢是产生卵细胞的器官。子宫是胎儿孕育和成长的地方。输卵管一边挨着卵巢，一边连着子宫。阴道是月经血排出与胎儿出生的通道。
- 男孩的外生殖器官有阴茎和阴囊。男孩的内生殖器包括睾丸、附睾、输精管、射精管和尿道以及附属腺体。睾丸是产生精子的器官，尿道是精液的通道，前列腺和精囊腺形成腺液和精子混合后形成精液。

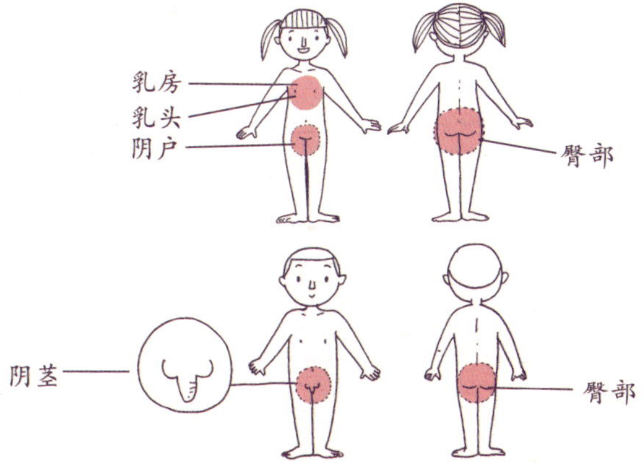

背心、裤衩遮盖的地方是身体的隐私部位，不能让人看、触摸。

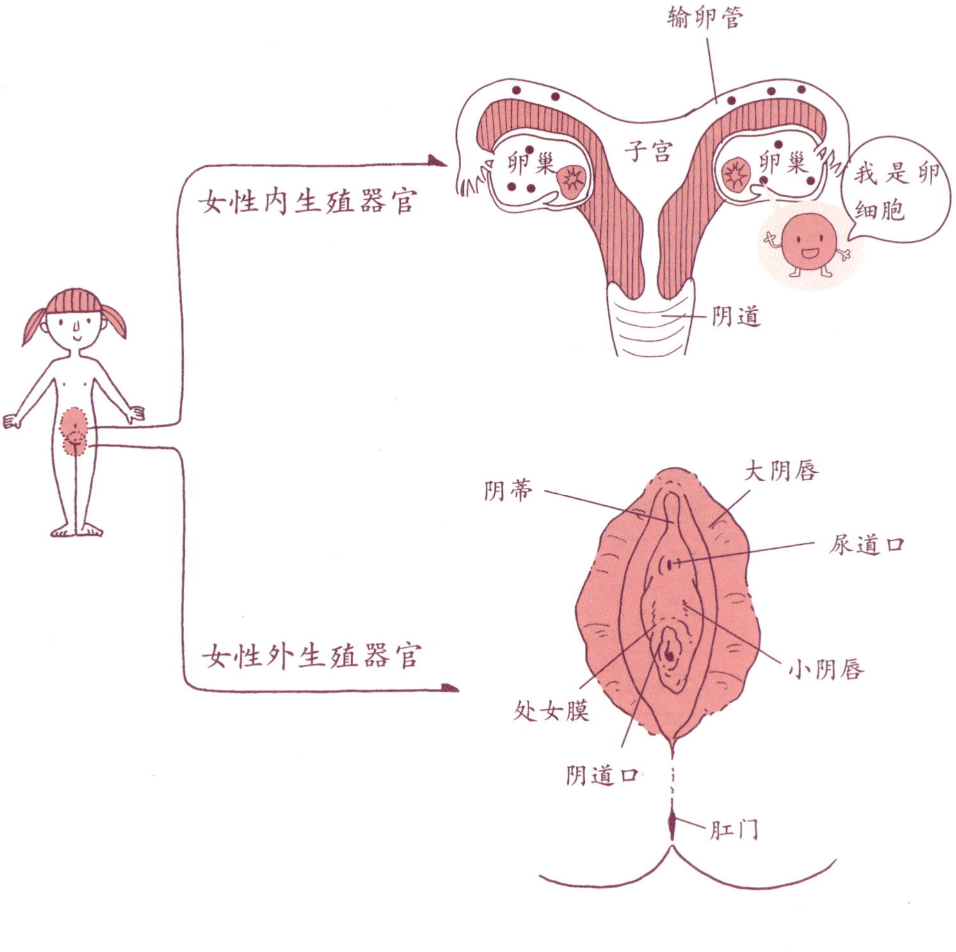
输卵管
卵巢
子宫
卵巢
我是卵细胞
阴道
女性内生殖器官
女性外生殖器官
阴蒂
大阴唇
尿道口
小阴唇
处女膜
阴道口
肛门

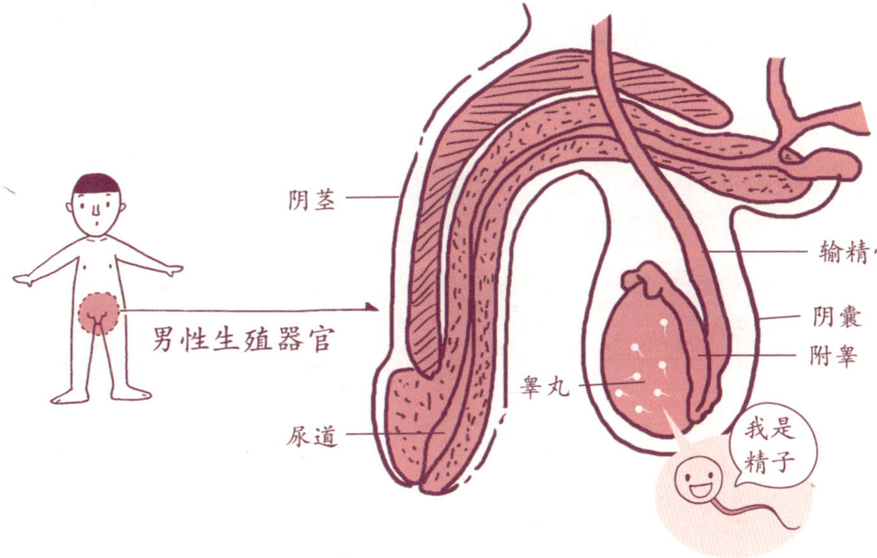
阴茎
输精管
阴囊
附睾
睾丸
尿道
男性生殖器官
我是
精子

③ 怀孕和婴儿出生的基本知识

- 当女孩来了月经，并有规律地排卵，就具备了怀孕的能力。当男孩出现遗精，则具备了让已经来月经的女孩怀孕的能力。
- 当男性的阴茎进入女性的阴道并射精时，精子和卵细胞就有可能结合形成受精卵。受精卵在女性子宫中慢慢长大成为胎儿，最后通过女性的阴道分娩出，这是自然怀孕生育和胎儿出生的过程。
- 并不是所有的胎儿都是从女性阴道出生的，也有的胎儿是通过剖宫产手术分娩的。
- 避孕套的使用可以预防意外怀孕，也可以预防性传播疾病的传播。

二 12～16岁儿童

1 12～16岁儿童可能会有的行为

- 对性有关的话题表现出明显的兴趣，喜欢看与性有关的画面，包括图片、照片、电影、动物交配的画面甚至是色情影像。
- 他们可能从图书馆、小书摊、书店、哥哥姐姐的生物课本上、漫画书上、成人杂志上或网络上获取与性有关的信息，并且同伴之间可能互相分享和交流。
- 他们也可能在洗澡或换衣服的时候偷偷观察别人的身体。
- 他们可能有自慰行为，并以此探索性兴奋，其中男孩比女孩自慰的频率更高。
- 他们或许已经和喜欢的同伴建立了亲密关系。他们也可能与爱慕的同伴有了进一步的接触和亲昵的动作，如牵手、拥抱、接吻，甚至可能发生性交行为。
- 在父母面前，他们会因为对自己渐渐长大和变化的身体感到不自在，换衣服或洗澡时不好意思让父母看到而故意回避。

2 父母要让这一年龄段的孩子知道

① 关于身体的基本知识

- 男孩女孩在进入青春期时，身体会发生一系列的变化，这些都是正常的。
- 青春期的身体变化大约是从10岁开始的，男孩比女孩约晚2年，但是每个人的情况都不一样，有的可能早一些，有的晚一些。
- 女孩进入青春期时，除了个子迅猛增高之外，身体会发生一些奇妙的变化：乳房基本发育成熟，腋毛、阴毛变得浓密，来月经，体形渐渐丰腴。
- 男孩进入青春期之后，身体会出现几个明显的变化：生殖器官逐渐发育成熟，喉头增大，声音变得低沉，面部、腋下、四肢、胸部和阴茎周围长出浓密的毛发。有的男孩也可能长“青春痘”。有时候在受到跟性有关的画面、声音的刺激（甚至没有任何刺激）的情况下，阴茎会勃起。这个年龄段的男孩可能出现第一次射精的经历，睡眠过程中也可能出现遗精。

② 男孩、女孩在进入青春发育期时，需要对自己身体的内部器官有更多的了解

- 女孩的内生殖器官包括卵巢、输卵管、子宫和阴道。卵巢是产生卵细胞的器官。子宫是胎儿孕育和成长的地方。输卵管一边挨着卵巢，一边连着子宫。阴道是月经血排出与胎儿出生的通道。
- 男孩的内生殖器包括睾丸、附睾、输精管、射精管和尿道以及附属腺体。睾丸是产生精子的地方，尿道是精液的通道，前列腺和精囊腺形成的腺液和精子混合后形成精液。

③ 怀孕、避孕和预防性传播疾病的知识

- 女孩来月经、男孩遗精是性成熟的标志之一。这时候，如果与异性发生性交行为，则有可能会怀孕。
- 使用避孕套可以预防意外怀孕，预防性传播疾病的传播。

④ 关于自慰的一些知识

- 自慰是缓解性欲望的一种方式，是正常的行为。
- 自慰时要注意清洁、卫生、安全。
- 自慰是隐私行为，要在私密空间，不要让其他人看到。

⑤　合理看待媒体中的性信息

- 人们可以从多种途径获得有关性的信息，如书刊、报纸、漫画书、网络视频等。这些媒体中包含的性信息有的可能是不全面的、不正确的，因而需要合理地看待这些信息，结合多种渠道所获得的信息进行批判性的思考和采纳。

孩子观看色情影像需要注意的信息

- 很多孩子会自行通过网络或其他媒体获取色情影像并观看，这种行为非常普遍。父母需要告诉孩子，在影片、录像中所呈现出来的画面，很多是与真实情况不符合的，是商家为了夸大影片的效果、提高经济效益而刻意制造出来的。很多在影像中呈现的画面，带有暴力倾向，特别是对女性有压迫、伤害，把女性置身在一个与男性极其不平等的地位。有些人为了取悦自己的性伴侣，或是将影片中的画面信以为真，效仿影片中的人物的行为，这可能会对自己或对方的健康造成伤害。所以，家长对孩子看色情影片要给予及时引导，单纯地“堵”，有时并不奏效。

⑥ 关于交友，需要让孩子知道的信息

- 让孩子知道他们拥有身体的自主权，任何人都不能随便触摸他们的身体。
- 在交友中要互相尊重。如果不喜欢朋友对自己有亲密的举动（如拉手、搭肩、搂抱、亲吻等），应向对方说明，并拒绝。自己也要了解对方的底线，如果对方不喜欢自己对他/她有亲密的动作，要尊重对方，并停止。

⑦ 不管是其他成人或是亲密关系中的人，未经同意都不能触摸自己的隐私部位

⑧ 慎重交网友，不轻信网友的话，不单独会见网友，与网友交流要保护好个人信息和隐私

对于常年不在家的父母来说，无法照顾孩子，应多通过电话、短信、网络和信件等关心孩子，并向照顾孩子的亲属了解孩子的近况，包括孩子的身体健康、心理健康、交友情况、经常出入的场所、经常参与的活动等。尽可能从各个方面了解孩子的信息，确保孩子的安全，甚至要注意照顾孩子的亲属也可能是性侵害的侵害者，因而了解孩子与照顾者之间的关系也很重要。

第二部分
关于儿童性侵害

一 什么是对儿童的性侵害

- 性侵害是指以强迫、引诱或利用特殊身份迫使等方式与儿童进行性接触（包括身体接触和非身体接触），以达到或企图达到性满足或其他目的的行为。儿童性侵害包括强奸、猥亵、引诱儿童卖淫，组织、强迫儿童卖淫以及向儿童传播淫秽物品等危害儿童身心健康的行为。儿童性侵害可以是刑法规定的犯罪行为，也可以是刑法没有规定、不构成犯罪但不利于儿童身心健康的行为。
- 性侵害是发生在成人、较年长儿童或较年幼但有权势的儿童与儿童之间的性活动，即有权势的成人或儿童强制另一儿童卷入无法知情同意的性活动，用于满足侵害者的性欲或其他心理需要。

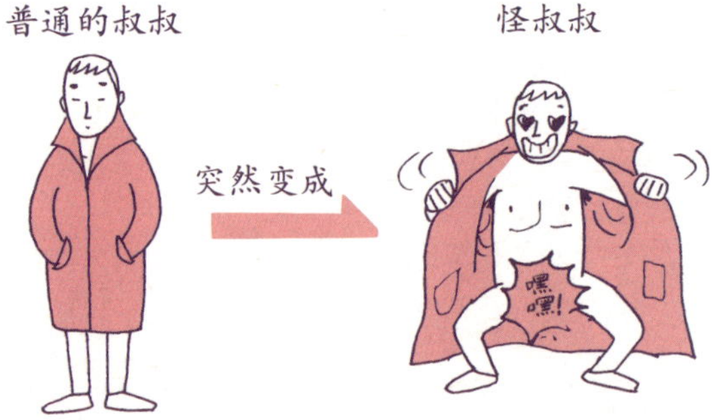

- 性侵害不仅包括体腔插入（性交、口交、肛交）和带有性含义的身体接触（亲吻、抚摸生殖器、乳房等隐私部位），还包括非身体接触的性活动，诸如向儿童露体、要求儿童露体、引诱或强迫儿童观看色情影像或图片等。
- 即使儿童为了换取零食或金钱表示同意，也是侵害者的错。

性侵害者可能是任何人。

- 可以是儿童及家庭熟悉的人，也可以是陌生人。
- 可以是家外人，也可以是家内人。
- 可以是同性，也可以是异性。
- 被侵害者可能是女孩，也可能是男孩。

二 保护儿童远离性侵害

- 年幼的孩子独自参加各种课外活动，比如练琴、补课或接受医生查体时，需由父母在场陪同。
- 每天安排时间，单独和孩子一起说说话、玩一会儿。孩子觉得随时可以得到家人关心，会表现得有主见、有自信，更有力量拒绝侵害者。万一受到性侵害，也能立即告诉家长，及时终止性侵害。

- 避免让孩子单独接触有以下特征的成年人或青少年：有性侵害儿童前科，有不寻常的性观念和性行为，热衷于与儿童谈性或身体接触，对儿童表现出“特殊”兴趣和过分亲热，经常阅读、收集儿童色情书刊和视频，经常找借口单独和儿童在一起……
- 老师、家人、教练、保姆以及家庭信任的人，都有可能是性侵害者。

三 当孩子受到性侵害后

1 种种迹象

- 孩子突然说外阴瘙痒、疼痛、出血，要求频繁清洗。这时，家长要耐心、平静地询问孩子从何时、何地开始？当时和谁在一起？在做什么？

- 孩子突然对“性”有很大的兴趣，与年龄不相符，比如，说与性、怀孕、男女关系相关的词语和话题；用生殖器名称爆粗口，经常当众脱衣裤或脱别人的衣裤，经常抚摸自己的外生殖器等。这时，家长要耐心、平静地询问孩子：这些是从哪里学来的？谁教的？怎么学会的？

- 孩子突然变得不愿与异性接触，甚至害怕异性。有的孩子可能会有相反的表现：语言和行为与异性过于亲密，与年龄不符。这里的“异性”，不排除家人、老师、孩子或家庭信任的人。

- 孩子突然变得因一点小事而生气，经常争吵、打架；可能会突然变得情绪低落，常常独自一个人发呆；可能会突然怕黑，害怕一个人独处；可能出现睡眠困难，时常被噩梦惊醒。有的孩子经常说自己身体不舒服，拒绝上学，拒绝与人接触。有的孩子还会出现自我伤害行为，比如割腕。
- 孩子可能会突然变得不肯再与某个熟悉的人单独在一起，包括家人。
- 如果孩子经常被老师单独留下，或与某个家庭成员、亲属、邻居、熟人单独在一起之后，表现出不寻常的情绪反应和行为表现，需要家长单独耐心地询问缘由。

遭受性侵害的孩子不一定出现所有迹象。出现上述迹象也不一定表示孩子已遭受性侵害。重要的是，家长要时时留意孩子发生的变化，及时耐心询问，及早发现并终止性侵害。

孩子说出性侵害经历后，家长或其他监护人应立即采取行动，保护孩子，让性侵害事件停下来，并保证孩子的身体安全和心理安全。

2 家长的支援

① 立即行动，阻止性侵害

尽快报警，保留证据，通过司法途径停止性侵害事件。

- 不要因“家丑不可外扬”而选择私了。因为侵害者不会自动停下来，通常也不止性侵害一个孩子。报警，可以阻止侵害者继续伤害你的孩子和其他孩子。

听孩子讲述时，家长要保持情绪平静。

- 不要强迫孩子讲很多细节，只是让孩子说清楚：发生了什么事？在哪里？谁对他/她做了什么事？最后，要肯定孩子勇敢、机智、信任爸爸妈妈。

相信孩子，不要责备孩子。

- 周围人对于孩子告发性侵害事件持相信、支持的态度，有助于孩子心理创伤恢复。孩子通常不会拿性侵害来说谎或诬告别人。

需要向孩子反复强调：受到性侵害不是孩子的错，而是侵害者的错。孩子勇敢地告诉你，做得很对！

不要对孩子辱骂侵害者。

- 因为侵害者有时也会对孩子“好”，孩子可能会对他有感情，特别是性侵害关系破坏了孩子的界限感。家长的辱骂，可能会让孩子感到父母否定自己的感情。家长可以坚定、平静地让孩子知道：侵害者这样做是错的，因为孩子信任的大人也会犯错。

② 帮助孩子疗伤止痛

- 帮助孩子处理复杂情绪。孩子可能在一段时间内会变得胆小，甚至经常做噩梦。这是性侵害经历造成的恐惧反应。让孩子知道，这是很自然的。家长可以在孩子需要的时候，陪伴他/她。在孩子恐惧的时候，安慰他/她。在孩子自责、内疚的时候，告诉孩子：这不是他/她的错！在孩子担心一辈子无法走出阴影时，告诉他/她：保持耐心，会好起来的。

- 增加孩子的驾驭感。在处理性侵害事件过程中，家长在做与孩子相关的决定时，要认真听孩子的声音，考虑孩子的意见，让孩子及时知道发生了什么。孩子感到安心，就会真实地感受到父母保护自己的力量和用心。驾驭感会让孩子感到有力量，有助于消除恐惧情绪。

- 至于“要不要和孩子交流这件事”，需要问孩子本人。如果孩子想说，家长要找个安静、安全的地方，静心地听他 / 她说。最好让孩子选择对谁说。如果侵害者就是家人，在没有充分准备之前，一定不能让孩子面对这个人。如果孩子不想说，家长不要强迫孩子说过去的经历。

- 不要把孩子送到其他地方。说出性侵害经历后，孩子特别需要得到肯定——受到性侵害不是他 / 她的错。如果把孩子送到其他地方，就等于说，他 / 她错了。适应新环境也是很费力的。如果实在要离开原地，父母应该生活在孩子身边，不要让孩子感到被父母遗弃。
- 耐心转化孩子“不讨人喜欢”的行为。家人不要因此羞辱、惩罚孩子，那样会强化他 / 她的愤怒情绪。正确的做法是，不仅要心平气和地告诉孩子这样做不对，更要告诉孩子怎样做是对的。当孩子改正时，就要立即表扬他 / 她。

- 心理辅导可以帮助孩子降低性侵害造成的心理影响，还可以避免让受害儿童变成潜在的侵害者。研究表明，经历性侵害的儿童受害者如果没有得到足够的支持，有些可能会变成侵害者，无论男孩还是女孩。

保护家里其他孩子，比如担心自己的安全，不知道怎样与被侵害的兄弟姐妹相处，责怪受害的孩子“拆散家庭”。家长要化解孩子的种种担心，要了解其他孩子是否也遭受性侵害，在保护受到性侵害的孩子的同时，避免他们攻击或侵害其他孩子。

3 家长自我情绪的处理

- 处理内疚、自责。切记发生性侵害不是孩子的错，也不是家长的错，而是侵害者的错。当发现性侵害时，父母立即采取行动保护孩子，已经是最好的父母！孩子的恢复能力远远超出我们成人的想象。他们未来的生活是否幸福，并不完全是由性侵害事件本身决定的，而是一家人在未来的日子里能否和孩子一起重建安全、信任、亲密的生活环境。
- 原谅/体谅孩子的某些表现。孩子没有及时告诉父母，可能是觉得自己做错了什么，无法面对父母。侵害者可能会威胁孩子：如果妈妈知道就会杀了他。孩子可能不知道用什么语言讲述侵害者不许说的经历。孩子可能担心父母知道后的反应……
- 夫妻需要相互理解和支持，而不是指责和伤害。如果父母和睦相处，共同合作创造快乐的家庭生活，一家人可以从性侵害的阴影里走出来。
- 如果发生家内性侵害，侵害者是家人，家长需要坚决地给孩子信任、支持和保护。只有终止家庭内部暴力，家庭才会真正“完整”。
- 全家可以利用心理辅导或家庭治疗处理复杂情绪，转化家庭关系创伤，重建家庭关系。

四 救助措施

1 寻求帮助和保护

- 根据《预防未成年人犯罪法》的规定，儿童正在遭受侵害或遭受侵害后，可以通过所在学校、父母或者其他监护人向公安机关或者政府有关主管部门报告，也可以自己向上述机关报告。可以向公安机关、民政部门、法律援助部门、未成年人保护委员会、共青团、妇联、未成年人保护组织或者学校、居委会、村委会等单位寻求帮助和保护。
- 下面这些紧急电话，会根据儿童的需求，提供相应帮助和保护。

报警求助	110
医疗急救	120
妇女维权公益服务热线	区号+12338
青少年服务热线	区号+12355
青少年法律援助热线	010-63835845 010-63813995

2 报案

- 如果儿童不幸受到侵害，侵害儿童的人不论是监护人、亲属、老师、年龄大的儿童、邻居或者陌生人，儿童监护人都应当带儿童到最近的公安局、派出所报案，或者拨打报警电话110，使侵害者不敢再次侵害儿童或继续侵害其他儿童。千万不要害怕侵害者对儿童或其家人的威胁、恐吓，更不能“私了”。很多儿童受到侵害后，就是由于监护人迫于侵害者的威胁、恐吓，不敢去报案，最后使侵害者更加嚣张，多次反复地侵害儿童或其他儿童。

3 申请法律援助或者聘请律师获得法律服务

- 儿童遭受性侵害后，监护人有权利聘请律师或委托其他诉讼代理人，家庭经济困难的有权利向处理案件司法机关所在地的法律援助中心申请法律援助，同时有权利要求法律援助中心指派熟悉儿童身心特点的律师办理。

4 提起民事赔偿

- 儿童被害人如果因为性侵害行为遭受身体、心理损害，儿童监护人可以向办理案件的公安机关、人民检察院、人民法院提出赔偿的要求，要求侵害人给予民事赔偿，对于儿童遭受的精神损害，可以转化为心理治疗、心理辅导等物质损失而要求获得赔偿。如果学校、酒店、娱乐场所等单位没有在职责范围内尽到相关义务，导致儿童遭到性侵害的，也可以要求这些单位承担与其过错相应的赔偿责任。

根据我国刑事诉讼法的相关规定，受害儿童遭受物质损失的，可以提起附带民事诉讼。

根据2013年9月最高人民法院等四部门发布的《关于依法严惩性侵害未成年人犯罪的意见》，对于未成年人因被性侵害而造成的人身损害，为进行康复治疗所支付的医疗费、护理费、交通费、误工费等合理费用，未成年被害人及其法定代理人、近亲属提出赔偿请求的，人民法院依法予以支持。对未成年被害人因性侵害犯罪而造成人身损害，不能及时获得有效赔偿，生活困难的，人民法院、人民检察院、公安机关可会同有关部门，优先考虑予以司法救助。

民事赔偿的范围主要有：

（1）医疗费，包括就诊挂号费、医药费、检查费、手术费和住院费以及后续治疗费。医疗费的赔偿，一般应以所在地治疗医院的诊断证明和医药费、住院费的单据为凭。需要后续治疗的，按照治疗必需的费用给付，可以与已经发生的医疗费一并给付，也可以待实际发生后另行解决。

（2）护理费，主要指儿童受到身体、心理伤害，根据医疗机构或司法鉴定的建议，儿童需要护理的，家长聘请护理人员的费用或家长因护理儿童而导致的减少的收入。护理费根据护理人员的收入状况和护理人数、护理期限确定。护理人员有收入的，参照误工费的规定计算；护理人员没有收入或者雇用护工的，参照当地护工从事同等级别护理的劳务报酬标准计算。

（3）就医交通费，根据受害儿童及其必要的陪护人员因就医或者转院治疗实际发生的费用计算。交通费应当以正式票据为凭；有关票据应当与就医地点、时间、人数、次数相符合。

（4）住院期间伙食补助费，可以参照当地国家机关一般工作人员的出差伙食补助标准予以确定。受害人确有必要到外地治疗，因客观原因不能住院，受害人本人及其陪护人员实际发生的住宿费和伙食费，其合理部分应予赔偿。

（5）营养费，根据伤残情况参照医疗机构的意见确定。

（6）残疾辅助器具费，按照普通适用器具的合理费用标准计算。伤情有特殊需要的，可以参照辅助器具配制机构的意见确定相应的合理费用标准。辅助器具的更换周期和赔偿期限参照配制机构的意见确定。

（7）丧葬费，按照受诉法院所在地上一年度职工月平均工资标准，以6个月总额计算。

（8）其他费用，例如法医鉴定费、儿童心理精神遭受损害而支出的心理治疗和心理辅导相关费用、儿童休假期间不能到校上课的相应补课费、已经参加工作的儿童的误工费等费用。

第三部分
儿童的有关权利

1. 受保护权

儿童享有受保护的权利，免受歧视、剥削、虐待、性侵害等任何形式的身心摧残。在性侵害案件中，受害儿童应当首先获得最大限度的保护。

2. 发表意见的权利

儿童在案件处理过程中，有权利对案件发表自己的意见，公安机关、人民检察院、人民法院办理儿童遭受性侵害案件过程中，应当充分尊重儿童的权利，从程序上保障儿童权利的行使，从实体上维护儿童的权利，对儿童意见给予尊重和重视，实现儿童利益最大化。

3. 案件受到及时处理的权利

根据刑事诉讼法和相关司法解释的规定，公安机关、人民法院、人民检察院对儿童遭受性侵害案件的报案、投诉、转介和控告，应当及时受理，对不属于管辖范围的案件，应当移送到有权处理的机关并通知报案人或转介人。最初受理的单位应当及时收集、固定、保存相关证据。需要采取紧急措施的，最初受理的单位应当先采取紧急救助措施。

4. 要求专门机构或者人员办理案件的权利

专门机构或者专人办理有利于更好地保障儿童的权利，使其在诉讼过程中尽量少受伤害。根据法律及司法解释的规定，儿童遭受性侵害案件作为未成年人权益保护的案件，可以要求专门机构或者专人办理。询问女童时，应当有女办案人员在场。

5. 询问儿童时，父母或其他合适成年人在场的权利

根据刑事诉讼法的规定，询问未成年人时，应当通知其法定代理人到场，无法通知或不能到场的，也可以通知其他成年亲属，所在学校、单位、居住地基层组织或者未成年人保护组织的代表到场。这是考虑到儿童处于成长发育期，身心发展尚未成熟，对问题的正确理解能力和与人沟通的能力存在欠缺。合适成年人在场能够使儿童在相对公正和宽松的环境下接受询问，有利于稳定他们的情绪。办案机关在询问儿童时，应当尊重儿童的这项权利。

6. 避免受到“二次伤害”的权利

遭受性侵害的儿童生理和心理都遭受了创伤，不恰当的询问方式会使他们一遍遍地回忆痛苦的经历，受到进一步的伤害。因此，法律要求司法机关在询问儿童时，应当尽量遵循“一次性询问”的原则。询问过程中，采取录音录像的方式，避免反复、多次询问儿童。因此，儿童在

接受询问时，要尽量将全部情况都告知司法机关的人员。

7. 隐私和名誉受到保护的权利

由于儿童遭受性侵害的案件容易导致儿童被害人隐私被披露或者名誉被损坏，因此，儿童被害人的隐私和名誉有权得到处理案件的单位及司法机关的有效保护，必须严加保密，不得随意泄露。这也是处理案件的单位和司法机关依法应履行的义务。

8. 申请法律援助或者聘请律师的权利

儿童遭受性侵害后，有权利聘请律师或委托其他诉讼代理人，家庭经济困难的有权利向处理案件司法机关所在地的法律援助中心申请法律援助，同时有权利要求法律援助中心指派熟悉儿童身心特点的律师办理。

遭受性侵害的儿童及其监护人也可以向办理案件的公安机关、检察院、法院提出法律援助的申请，司法机关会将法律援助申请转交给当地法律援助中心，家庭经济确实困难的，法律援助中心将会指派专业的律师为儿童随时提供免费的法律咨询与法律帮助。

可以提供法律援助的机构有政府设立的法律援助中心，也有法律援助类的社会组织和律师协会未成年人保护专业委员会。这些机构会根据申请，为经济困难或者特殊案件的、需要法律帮助的儿童提供免费的法律服务。

9. 了解案件进展情况的权利

儿童被害人作为刑事诉讼中的一方当事人，其和监护人有权了解案件的进展情况。案件进展不仅包括在法庭审理阶段的开庭审理、宣判等进展，还有在侦查阶段公安机关对案件是否立案、移送审查起诉等进展，以及在审查起诉阶段检察机关对侵害人是否审查逮捕、审查起诉等进展情况。儿童及其监护人有权要求办案机关对案件进展情况进行告知，并要求其对有关情况作出说明。

10. 向检察院提出要求公安机关予以立案的权利

如果公安机关对于案件不予立案，儿童及其法定代理人认为应当立案侦查，有权向人民检察院提出。人民检察院应当要求公安机关说明不立案的理由。公安机关收到人民检察院要求说明不立案理由通知书后，应当在7日内将说明情况书面答复人民检察院。人民检察院认为公安机关不立案理由不能成立的，应当通知公安机关立案，公安机关接到通知后应当立案。人民检察院发出通知立案书时，应当将有关证明连同立案的材料同时移送公安机关。公安机关收到通知立案书后，应当在15日内决定立案，并将立案决定书送达人民检察院。

11. 要求对案件不公开审理的权利

由于儿童遭受性侵害的案件涉及个人隐私，因此儿童被害人及其法定代理人可以要求不公开审理。办案机关不得向外界披露儿童的姓名、住所、照片以及可能推断出儿童身份的其他资料。查阅、摘抄、复制的案卷材料，不得公开和传播。

12. 不出庭陈述的权利

出于保护隐私、避免再次受到伤害等保护儿童的原因，儿童遭受暴力尤其是性侵害案件中的儿童被害人在案件审理过程中可以不出庭。公诉人可以建议法庭采取不暴露被害人外貌、真实声音等出庭作证措施，或者建议法庭在庭外对证据进行核实。儿童可以不出庭，但有权了解案件开庭时间等案件进展情况。

13. 获得民事赔偿的权利

儿童被害人如果因为性侵害行为遭受物质损失，有权要求侵害人给予民事赔偿。对于儿童遭受的精神损害，可以转化为心理治疗、心理辅导等物质损失而要求获得赔偿。

14. 对法院的第一审刑事判决请求抗诉的权利

儿童及其监护人如果对于法院作出的一审刑事判决不服，有权在收到判决书5日内请求人民检察院提起抗诉。儿童及其监护人在收到判决书5日以后请求人民检察院提出抗诉的，由人民检察院决定是否受理。

15. 对附带民事赔偿部分提出上诉的权利

儿童及其监护人对于民事赔偿的判决或刑事附带民事诉讼部分的赔偿，有权提出上诉。如果儿童及其监护人认为赔偿过低或者不服判决的，可以向原审法院或上级法院提出上诉。

16. 对生效的判决、裁定提出申诉的权利

儿童及其监护人对于已经发生法律效力的判决、裁定，也有权向人民法院或者人民检察院提出申诉。

附 家长保护儿童须知

1. 孩子平安、健康、快乐地长大最重要。

2. 时刻记住自己是保护孩子安全最重要的人。

3. 要像保护自己的孩子一样，保护每一个孩子。

4. 倾听、了解、重视孩子的想法和感受。

5. “打是疼、骂是爱”是错误的。

6. 预先提醒，消除隐患，可以有效避免儿童意外伤害。

7. 伤害孩子的人，也可能是周围的熟人。

8. 了解孩子常去的环境，认识孩子交往的人。

9. 不让幼小的孩子单独留在家里或离开自己的身边。

10. 关注孩子身体、情绪、行为的异常变化。

11. 发现孩子受到伤害，及时询问，必要时就医、报警。

12. 以身作则、健康上网，帮助孩子管理自己的上网时间、地点和活动。

13. 带头遵守交规，培养孩子遵守交通法规的习惯。

14. 不让孩子到不安全的地方戏水、游泳、玩耍。

——**全国妇联儿童工作部**

图书在版编目（CIP）数据

春蕾计划·护蕾行动家长手册 / 中国儿童少年基金会编. —北京：中国妇女出版社, 2014.5

ISBN 978-7-5127-0869-3

Ⅰ.①春… Ⅱ.①中… Ⅲ.①儿童教育—安全教育—家庭教育—手册 Ⅳ.①G78-62②X956-62

中国版本图书馆CIP数据核字（2014）第086875号

春蕾计划·护蕾行动家长手册

作　　者：中国儿童少年基金会　编
撰 稿 人：刘文利　龙　迪　张雪梅
责任编辑：孔　姿
封面设计：吴晓莉
插画/版式：缔力设计 dearteam.com
责任印制：王卫东
出版发行：中国妇女出版社
地　　址：北京市东城区史家胡同甲24号　　邮政编码：100010
电　　话：（010）65133160（发行部）　　65133161（邮购）
网　　址：www.womenbooks.cn
印　　刷：北京博图彩色印刷有限公司
开　　本：140×170　1/32
印　　张：1.5
字　　数：50千字
版　　次：2014年5月第1版
印　　次：2019年1月第7次
书　　号：ISBN 978-7-5127-0869-3
定　　价：4.50元